Impressum
Verlag: BABADADA GmbH, Nedderfeld 112 , 22529 Hamburg
Geschäftsführer / Verlagsleitung: Harald Hof
Druck: Books on Demand GmbH, In de Tarpen 42, 22848 Norderstedt

Imprint
Publisher: BABADADA GmbH, Nedderfeld 112 , 22529 Hamburg, Germany
Managing Director / Publishing direction: Harald Hof
Print: Books on Demand GmbH, In de Tarpen 42, 22848 Norderstedt

classroom
sală de clasă

divide
a împărți

186/2

school yard
curte a școlii

board
tablă

teacher
profesor

paper
hârtie

write
a scrie

pen
instrument de scris

masă de birou

ruler
riglă

book
carte

pupil
elev

satchel

ghiozdan

pencil case

penar

pencil

creion

pencil sharpener

ascuțitoare

rubber

radieră

drawing pad

bloc de desen

drawing

desen

paintbrush

pensulă

paint box

cutie de acuarele

scissors

foarfece

glue

lipici

exercise book

caiet de exerciții

homework

temă

number

număr

add

a aduna

subtract

a scădea

multiply

a multiplica

calculate

a calcula

letter

literă

alphabet

alfabet

word

cuvânt

text

text

read

a citi

chalk

cretă

lesson

oră

register

catalog

examination

examen

certificate

certificat

school uniform

uniformă școlară

education

educație

encyclopedia

enciclopedie

university

universitate

microscope

microscop

map

hartă

waste-paper basket

coș de gunoi

hotel
hotel

hostel
hostel

ROOMS

currency exchange office
casă de schimb valutar

EXCHANGE

car
autovehicul

language

limbă

yes / no

da/nu

Okay

okay

hello

Bună!

translator

interpret

Thank you

mulțumesc

how much is...?

Cât costă...?

I don´t get it

Nu înțeleg

problem

problemă

Good evening!

Bună seara!

Good morning!

Bună dimineața!

Good night!

Noapte bună!

goodbye

la revedere

direction

direcție

luggage

bagaj

bag

geantă

backpack

rucsac

guest

oaspete

room

cameră

sleeping bag

sac de dormit

tent

cort

tourist information

ounct de informare turistică

beach

plajă

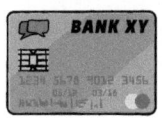

credit card

carte de credit

breakfast

mic dejun

lunch

masa de prânz

dinner

cină

Ticket

bilet de călătorie

elevator

lift

stamp

timbru poştal

border

graniţă

customs

vamă

embassy

ambasadă

visa

viză

passport

paşaport

airplane
avion

ship
vas

fire truck
mașină de pompieri

bus
autobuz

truck
camion

motorboat
șalupă

car
autovehicul

bike
bicicletă

ferry

feribot

boat

barcă

motorbike

motocicletă

police car

mașină de poliție

racing car

mașină de curse

rental car

mașină închiriată

car sharing

car sharing

tow truck

mașină de tractat

garbage truck

mașină de gunoi

engine

motor

fuel

combustibil

fuel station

benzinărie

traffic sign

semn de circulație

traffic

trafic

traffic jam

ambuteiaj

parking lot

parcare

train station

gară

tracks

șine

train

tren

tram

tramvai

wagon

vagon

helicopter

elicopter

airport

aeroport

tower

turn

passenger

pasager

container

container

carton

carton

cart

căruță

basket

coș

take off / land

a decola/a ateriza

city

oraș

village

sat

city center

centru

house

casă

movie theater
cinematograf

advert
publicitate

street light
felinar

CINEMA

street
stradă

taxi
taxi

snack shop
chioșc

pedestrian
pieton

sidewalk
trotuar

zebra crossing
zebră

dumpster
pubelă

crossing
intersecție

traffic lights
semafor

hut
cabană

apartment
apartament

train station
gară

city hall
primărie

museum
muzeu

school
școală

university

universitate

bank

bancă

hospital

spital

hotel

hotel

pharmacy

farmacie

office

birou

book shop

librărie

shop

magazin

flower shop

florărie

supermarket

supermarket

market

piață

department store

magazin universal

fishmonger's shop

comerciant de pește

mall

centru comercial

harbor

port

park

parc

bench

bancă

bridge

pod

stairs

trepte

subway

metrou

tunnel

tunel

bus stop

stație de autobuz

bar

bar

restaurant

restaurant

postbox

cutie poștală

street sign

tăbliță indicatoare cu
numele străzii

parking meter

parcometru

zoo

grădină zoologică

swimming pool

piscină

mosque

moschee

farm

gospodărie țărănească

pollution

poluare

cemetery

cimitir

church

biserică

playground

loc de joacă

temple

templu

landscape

peisaj

signpost
indicator

path
drum

meadow
pajiște

stone
piatră

tree
copac

hiker
drumeț

river
râu

grass
iarbă

flower
floare

valley

vale

hill

deal

lake

lac

forest

pădure

desert

deșert

volcano

vulcan

castle

castel

rainbow

curcubeu

mushroom

ciupercă

palm tree

palmier

mosquito

țânțar

fly

muscă

ant

furnică

bee

albină

spider

păianjen

beetle

gândac

frog

broască

squirrel

veveriță

hedgehog

arici

hare

iepure

owl

bufniță

bird

pasăre

swan

lebădă

boar

porc mistreț

deer

cerb

moose

elan

dam

dig

wind turbine

turbină eoliană

solar panel

panou solar

climate

climă

waiter
chelnăr

menu
meniu

chair
scaun

soup
supă

pizza
pizza

cutlery
tacâmuri

tablecloth
față de masă

starter
antreu

main course
fel principal

dessert
desert

drinks
băuturi

food
mâncare

bottle
sticlă

fast food

fastfood

street food

streetfood

teapot

ceainic

sugar bowl

zaharniță

portion

porție

espresso machine

espressor

high chair

scaun înalt (pentru copii)

bill

factură

tray

tavă

knife

cuțit

fork

furculiță

spoon

lingură

teaspoon

linguriță

serviette

șervețel

glass

pahar

plate

farfurie

soup plate

farfurie de supă

saucer

farfurie

sauce

sos

salt shaker

solniță

pepper mill

râșniță de piper

vinegar

oțet

oil

ulei

spices

condimente

ketchup

ketchup

mustard

muștar

mayonnaise

maioneză

special offer
ofertă

customer
client

FOR

dairy products
produse lactate

fruit
fructe

shopping cart
cărucior de cumpărături

butcher's shop

măcelărie

bakery

brutărie

weigh

a cântări

vegetables

legume

meat

carne

frozen food

alimente refrigerate

cold cuts
mezeluri și brânzeturi feliate

canned food
conserve

detergent
detergent

candy
dulciuri

household products
articole de menaj

cleaning products
produse de curățenie

sales representative
vânzătoare

cash register
casă

cashier
casier

shopping list
listă de cumpărături

opening hours
orar

wallet
portmoneu

credit card
carte de credit

bag
geantă

plastic bag
pungă de plastic

water

apă

juice

suc

milk

lapte

coke

cola

wine

vin

beer

bere

alcohol

alcool

cocoa

cacao

tea

ceai

coffee

cafea

espresso

espresso

cappuccino

cappucino

banana

banane

apple

măr

orange

portocală

melon

pepene

lemon

lămâie

carrot

morcov

garlic

usturoi

bamboo

bambus

onion

ceapă

mushroom

ciupercă

nuts

nuci

noodles

paste făinoase

spaghetti

spagheti

rice

orez

salad

salată

fries

cartofi prăjiți

fried potatoes

cartofi țărănești

pizza

pizza

hamburger

hamburger

sandwich

sandwich

escalope

șnițel

ham

șuncă

salami

salam

sausage

cârnați

chicken

pui

roast

friptură

fish

pește

porridge oats

fulgi de ovăz

muesli

musli

cornflakes

cereale

flour

făină

croissant

corn

bread roll

chifle

bread

pâine

toast

pâine prăjită

cookies

biscuiți

butter

unt

curd

brânză de vaci

cake

prăjitură

egg

ou

fried egg

ouă ochiuri

cheese

brânză

ice cream

înghețată

sugar

zahăr

honey

miere

jelly

marmeladă

nougat cream

cremă nuga

curry

curry

food - mâncare

goat	cow	calf
capră	vacă	vițel

pig	piglet	bull
porc	purcel	taur

goose

găină

duck

rață

chick

pui

hen

găină

cockerel

cocoș

rat

șobolan

cat

pisică

mouse

șoarece

ox

bou

dog

câine

dog house

cușcă

garden hose

furtun de grădină

watering can

stropitoare

scythe

coasă

plow

plug

sickle

seceră

hoe

sapă

pitchfork

furcă

axe

secure

pushcart

roabă

trough

troacă

milk can

cană pentru lapte

sack

sac

fence

gard

stable

grajd

greenhouse

seră

soil

sol

seed

sămânță

fertilizer

fertilizator

combine harvester

combină de treierat

harvest

a culege

harvest

recoltă

yams

cartof yam

wheat

grâu

soya

soia

potato

cartof

corn

porumb

rapeseed

rapiță

fruit tree

pom fructifer

manioc

manioc

grain

cereale

living room

cameră de zi

bathroom

baie

kitchen

bucătărie

bedroom

dormitor

kids room

camera copiilor

dining room

sufragerie

floor

podea

wall

perete

ceiling

tavan

cellar

pivniță

sauna

saună

balcony

balcon

terrace

terasă

pool

piscină

lawn mower

mașină de tuns iarba

sheet

cearșaf

bedspread

cuvertură

bed

pat

broom

mătură

bucket

găleată

switch

întrerupător

carpet

covor

drape

perdea

table

masă

chair

scaun

rocking chair

balansoar

armchair

fotoliu

book

carte

blanket

pătură

decoration

decoraţiune

firewood

lemn de foc

film

film

stereo system

instalaţie stereo

key

cheie

newspaper

ziar

painting

desen

poster

poster

radio

radio

notebook

caiet de notiţe

vacuum cleaner

aspirator

cactus

cactus

candle

lumânare

fridge
frigider

microwave oven
cuptor cu microunde

kitchen scales
cântar de bucătărie

toaster
prăjitor de pâine

laundry detergent
detergent

stove
cuptor

freezer
răcitor

dishwasher
mașină de spălat vase

cooker

cuptor

pot

oală

cast-iron pot

oală de metal

wok / kadai

wok/kadai

pan

tigaie

kettle

ceainic

steamer

oală de gătit cu aburi

baking tray

tavă de copt

crockery

veselă

mug

pahar

bowl

bol

chopsticks

bețișoare

ladle

polonic

spatula

spatulă

whisk

tel

strainer

sită

sieve

sită

grater

răzătoare

mortar

mojar

barbecue

grătar

fireplace

loc pentru grătar

chopping board

tocător

rolling pin

sucitor

corkscrew

tirbușon

can

conservă

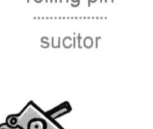

can opener

deschizător de conserve

oven cloth

șervete termice

sink

chiuvetă

brush

perie

sponge

burete

blender

mixer

deep freezer

ladă frigorifică

baby bottle

biberon

tap

robinet

bathroom
baie

heating
încălzire

shower
duș

towel
prosop

shower curtain
perdea de duș

bubble bath
baie cu spumă

bathtub
cadă

glass
pahar

washing machine
mașină de spălat

tap
robinet

tiles
gresie

potty
oală de noapte

sink
chiuvetă

toilet
....
toaletă

squat toilet
....
toaletă turcească

bidet
....
bideu

urinal
....
pisoir

toilet paper
....
hârtie igienică

toilet brush
....
perie de toaletă

toothbrush

periuță de dinți

toothpaste

pastă de dinți

dental floss

ață dentară

wash

a spăla

hand shower

cap de duș

douche

duș intim

basin

lavoar

back brush

perie pentru spate

soap

săpun

shower gel

gel de duș

shampoo

șampon

flannel

cârpă de spălat

drain

scurgere

creme

cremă

deodorant

deodorant

mirror

oglindă

hand mirror

oglindă cosmetică

razor

aparat de ras

shaving foam

spumă de ras

aftershave

aftershave

comb

pieptene

brush

perie

hair-dryer

uscător de păr

hairspray

fixator

makeup

machiaj

lipstick

ruj

nail varnish

lac de unghii

cotton wool

vată

nail scissors

foarfece de unghii

perfume

parfum

washbag

neseser

stool

taburet

weighing scales

cântar

bathrobe

halat de baie

rubber gloves

mănuși de cauciuc

tampon

tampon

sanitary towel

tampon

chemical toilet

toaletă chimică

alarm clock
ceas deșteptător

cuddly toy
jucărie de pluș

toy car
mașină de jucărie

rattle
morișcă

doll's house
casă de păpuși

present
cadou

balloon

balon

bed

pat

stroller

cărucior de copii

deck of cards

joc de cărți

jigsaw

puzzle

comic

revistă de benzi desenate

lego bricks

cuburi lego

toy blocks

piese pentru construcții

action figure

personaj din filmele de acțiune

romper suit

body

frisbee

frisbee

mobile

mobil

board game

joc de societate

dice

zar

model train set

set trenuleț de jucărie

pacifier

suzetă

party

petrecere

picture book

carte cu poze

ball

minge

doll

păpușă

play

a se juca

sandpit

groapă de nisip

swing

leagăn

toys

jucării

video game console

consolă video

tricycle

tricicletă

teddy bear

ursuleț

wardrobe

dulap

clothing

îmbrăcăminte

socks

șosete

stockings

ciorapi

tights

dres

scarf
șal

umbrella
umbrelă

t-shirt
tricou

belt
curea

boots
cizme

slippers
papuci

sneakers
pantofi sport

sandals
....
sandale

shoes
....
încălțăminte

rubber boots
....
cizme de cauciuc

underwear
....
chilot

bra
....
sutien

undershirt
....
maiou

clothing - îmbrăcăminte

body
body

pants
pantaloni

jeans
blugi

skirt
fustă

blouse
bluză

shirt
cămașă

pullover
pulover

sweater
jerseu

blazer
sacou

jacket
jachetă

coat
palton

raincoat
pelerină de ploaie

costume
costum

dress
rochie

wedding dress
rochie de mireasă

suit

costum

nightgown

cămașă de noapte

pajamas

pijama

sari

sari

headscarf

batic

turban

turban

burka

burka

kaftan

caftan

abaya

abaya

swimsuit

costum de baie

trunks

șort

shorts

pantaloni scurți

tracksuit

trening

apron

șorț

gloves

mănuși

clothing - îmbrăcăminte

button

nasture

glasses

ochelari

bracelet

brățară

necklace

lanț

ring

inel

earring

cercel

cap

căciulă

coat hanger

umeraș

hat

pălărie

tie

cravată

zip

fermoar

helmet

cască

braces

bretele

school uniform

uniformă școlară

uniform

uniformă

bib

bavețică

pacifier

suzetă

diaper

scutec

server
server

filing cabinet
dulap de acte

monitor
monitor

printer
imprimantă

paper
hârtie

desk
masă de birou

mouse
mouse

folder
fișier

keyboard
tastatură

waste-paper basket
coș de gunoi

chair
scaun

computer
computer

coffee mug

ceașcă de cafea

calculator

calculator

internet

internet

laptop

laptop

letter

scrisoare

message

mesaj

cell phone

telefon mobil

network

rețea

photocopier

copiator

software

software

telephone

telefon

plug socket

priză

fax machine

fax

form

formular

document

document

buy

a cumpăra

pay

a plăti

trade

a face comerț

money

bani

USD

dollar

Dolar

EUR

euro

Euro

JPY

yen

Yen

RUB

rouble

Rublă

CHF

Swiss franc

Franc Elvețian

CNY

renminbi yuan

renminbi yuan

INR

rupee

Rupie

cash point

bancomat

currency exchange office

casă de schimb valutar

gold

aur

silver

argint

oil

petrol

energy

energie

price

preţ

contract

contract

tax

impozit

stock

acţiune

work

a munci

employee

angajat

employer

angajator

factory

fabrică

shop

magazin

police officer
poliţist

fireman
pompier

cook
bucătar

doctor
medic

pilot
pilot

gardener

grădinar

carpenter

tâmplar

seamstress

cusătoreasă

judge

judecător

chemist

chimist

actor

actor

bus driver

șofer de autobuz

taxi driver

șofer de taxi

fisherman

pescar

cleaning lady

femeie de serviciu

roofer

tinichigiu

waiter

chelnăr

hunter

vânător

painter

pictor

baker

brutar

electrician

electrician

builder

muncitor în construcții

engineer

inginer

butcher

măcelar

plumber

instalator

postman

poștaș

soldier

soldat

architect

arhitect

cashier

casier

florist

florar

hairdresser

frizer

conductor

controlor

mechanic

mecanic

captain

căpitan

dentist

stomatolog

scientist

om de știință

rabbi

rabin

imam

imam

monk

călugăr

pastor

preot

hammer
ciocan

pliers
cleşte

screwdriver
şurubelniţă

wrench
cheie

torch
lanternă

excavator

excavator

toolbox

cutie de scule

ladder

scară

saw

ferăstrău

nails

cuie

drill

burghiu

repair

a repara

shovel

lopată

Damn!

La naiba!

dustpan

făraș

paint can

vas pentru vopsea

screws

șuruburi

musical instruments
instrumente muzicale

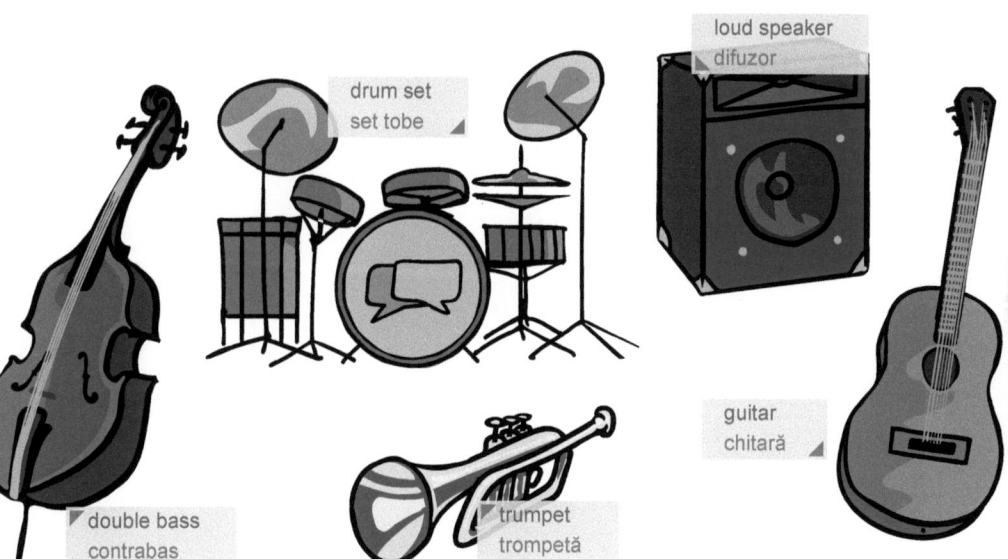

drum set
set tobe

loud speaker
difuzor

double bass
contrabas

trumpet
trompetă

guitar
chitară

piano

pian

violin

vioară

bass

bas

timpani

trombon

drums

tobă

keyboard

keyboard

saxophone

saxofon

flute

fluier

microphone

microfon

entrance
intrare

tiger
tigru

cage
cușcă

zebra
zebră

animal feed
mâncare pentru animale

panda
panda

animals
animale

elephant
elefant

kangaroo
cangur

rhino
rinocer

gorilla
gorilă

bear
urs

camel

cămilă

ostrich

struț

lion

leu

monkey

maimuță

flamingo

flamingo

parrot

papagal

polar bear

urs polar

penguin

pinguin

shark

rechin

peacock

păun

snake

șarpe

crocodile

crocodil

zookeeper

îngrijitor grădina zoologică

seal

focă

jaguar

jaguar

zoo - grădină zoologică

pony

ponei

leopard

leopard

hippo

hipopotam

giraffe

girafă

eagle

acvilă

boar

porc mistreț

fish

pește

turtle

broască țestoasă

walrus

morsă

fox

vulpe

gazelle

gazelă

American football
fotbal american

cycling
ciclism

tennis
tenis

basketball
basketball

swimming
înot

boxing
box

ice hockey
hockey pe gheață

soccer
fotbal

badminton
badminton

athletics
atletism

handball
handbal

skiing
schi

polo
polo

jump
a sări

hug
a îmbrățișa

laugh
a râde

sing
a cânta

walk
a merge

pray
a se ruga

kiss
a săruta

dream
a visa

write

a scrie

draw

a desena

show

a arăta

push

a împinge

give

a da

take

a lua

have

a avea

do

a face

be

a fi

stand

a sta în picioare

run

a fugi

pull

a trage

throw

a arunca

fall

a cădea

lie

a sta întins

wait

a aștepta

carry

a purta

sit

a ședea

get dressed

a se îmbrăca

sleep

a dormi

wake up

a se trezi

look at

a privi

cry

a plânge

stroke

a mângâia

comb

a se pieptăna

talk

a vorbi

understand

a înțelege

ask

a întreba

listen

a asculta

drink

a bea

eat

a mânca

tidy up

a face ordine

love

a iubi

cook

a găti

drive

a conduce

fly

a zbura

sail

a naviga

calculate

a calcula

read

a citi

learn

a învăța

work

a munci

marry

a se căsători

sew

a coase

brush teeth

a se spăla pe dinți

kill

a ucide

smoke

a fuma

send

a trimite

grandmother
bunică

grandfather
bunic

father
tată

mother
mamă

baby
bebeluș

daughter
soră

son
fiu

guest

oaspete

aunt

mătușă

uncle

unchi

brother

frate

sister

soră

forehead
frunte

eye
ochi

shoulder
umăr

finger
deget

face
față

chin
bărbie

hand
mână

breast
piept

leg
picior

arm
braț

baby

bebeluș

man

bărbat

woman

femeie

girl

fată

boy

băiat

head

cap

back

spate

belly

abdomen

navel

ombilic

toe

deget de la picior

heel

călcâi

bone

os

hip

șold

knee

genunchi

elbow

cot

nose

nas

buttocks

fund

skin

piele

cheek

obraz

ear

ureche

lip

buză

mouth

gură

tooth

dinte

tongue

limbă

brain

creier

heart

inimă

muscle

mușchi

lung

plămân

liver

ficat

stomach

stomac

kidneys

rinichi

sex

sex

condom

prezervativ

ovum

ovul

semen

spermă

pregnancy

sarcină

menstruation

menstruaţie

vagina

vagin

penis

penis

eyebrow

sprânceană

hair

păr

neck

gât

hospital
spital

ambulance
ambulanță

wheelchair
scaun cu rotile

fracture
fractură

doctor

medic

emergency room

unitate de primiri urgențe

nurse

soră medicală

emergency

urgență

unconscious

inconștient

pain

durere

injury

leziune

bleeding

sângerare

heart attack

infarct miocardic

stroke

atac cerebral

allergy

alergie

cough

tuse

fever

febră

flu

gripă

diarrhea

diaree

headache

durere de cap

cancer

cancer

diabetes

diabet

surgeon

chirurg

scalpel

scalpel

operation

operaţie

CT

CT

x-ray

raze Röntgen

ultrasound

ultrasunet

face mask

mască

disease

boală

waiting room

sală de așteptare

crutch

cârjă

plaster

plasture

bandage

bandaj

injection

injecție

stethoscope

stetoscop

stretcher

targă

clinical thermometer

termometru

birth

naștere

overweight

supraponderabilitate

hearing aid

aparat auditiv

disinfectant

dezinfectant

infection

infecţie

virus

virus

HIV / AIDS

HIV/SIDA

medicine

medicină

vaccination

vaccin

tablets

tablete

pill

pastilă

emergency call

apel de urgenţă

blood pressure monitor

aparat de măsurare a
presiunii arteriale

ill / healthy

bolnav/sănătos

Help!

Ajutor!

alarm

alarmă

assault

agresiune

attack

atac

danger

pericol

emergency exit

ieşire de urgenţă

Fire!

Foc!

fire extinguisher

extinctor

accident

accident

first-aid kit

trusă de prim-ajutor

SOS

SOS

police

poliţie

Europe

Europa

North America

America de Nord

South America

America de Sud

Africa

Africa

Asia

Asia

Australia

Australia

Atlantic

Altantic

Pacific

Pacific

Indian Ocean

Oceanul Indian

Antarctic Ocean

Oceanul Antarctic

Arctic Ocean

Oceanul Arctic

North pole

Polul Nord

South pole
Polul Sud

Antarctica
Antarctica

earth
pământ

land
țară

sea
mare

island
insulă

nation
națiune

state
stat

clock face

cadran

hour hand

orar

minute hand

minutar

second hand

secundar

What time is it?

Cât e ceasul?

day

zi

time

timp

now

acum

digital watch

cead digital

minute

minut

hour

oră

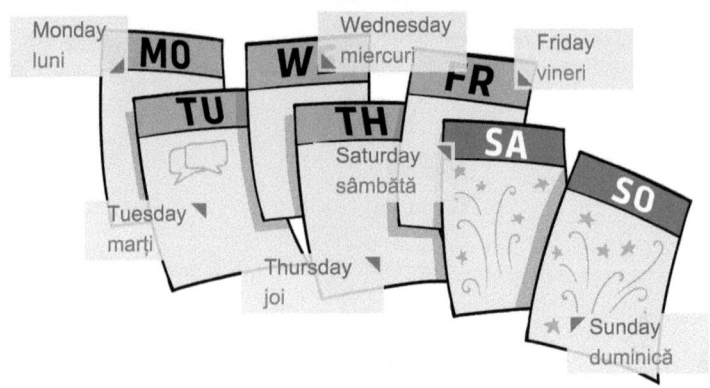

Monday — luni — MO
Wednesday — miercuri — W
Friday — vineri — FR
Tuesday — marți — TU
Thursday — joi — TH
Saturday — sâmbătă — SA
Sunday — duminică — SO

yesterday

ieri

today

azi

tomorrow

mâine

morning

dimineață

noon

amiază

evening

seară

workdays

zile lucrătoare

weekend

week-end

rain
ploaie

snow
zăpadă

wind
vânt

spring
primăvară

fall
toamnă

summer
vară

winter
iarnă

weather forecast
....
prognoză meteo

thermometer
....
termometru

sunshine
....
lumina soarelui

cloud
....
nor

fog
....
ceață

humidity
....
umiditate a aerului

lightning

fulger

thunder

tunet

storm

furtună

hail

grindină

monsoon

muson

flood

inundaţie

ice

gheaţă

January

ianuarie

February

februarie

March

martie

April

aprilie

May

mai

June

iunie

July

iulie

August

august

82

year - an

September
....
septembrie

October
....
octombrie

November
....
noiembrie

December
....
decembrie

shapes
forme

circle
....
cerc

square
....
pătrat

rectangle
....
dreptunghi

triangle
....
triunghi

sphere
....
sferă

cube
....
cub

white
....
alb

yellow
....
galben

orange
....
portocaliu

pink
....
roz

red
....
roșu

purple
....
violet

blue
....
albastru

green
....
verde

brown
....
maro

gray
....
gri

black
....
negru

a lot / a little

mult/puţin

angry / calm

furios/calm

beautiful / ugly

frumos/urât

beginning / end

început/sfârşit

big / small

mare/mic

bright / dark

luminos/întunecat

brother / sister

frate/soră

clean / dirty

curat/murdar

complete / incomplete

complet/incomplet

day / night

zi/noapte

dead / alive

mort/viu

wide / narrow

lat/strâmt

edible / inedible

comestibil/necomestibil

evil / kind

rău/prietenos

excited / bored

emoționat/plictisit

fat / thin

gras/slab

first / last

primul/ultimul

friend / enemy

prieten/inamic

full / empty

plin/gol

hard / soft

tare/moale

heavy / light

greu/ușor

hunger / thirst

foame/sete

ill / healthy

bolnav/sănătos

illegal / legal

ilegal/legal

intelligent / stupid

inteligent/stupid

left / right

stânga/dreapta

near / far

aproape/departe

new / used

nou/uzat

nothing / something

nimic/ceva

old / young

bătrân/tânăr

on / off

pornit/oprit

open / closed

deschis/închis

quiet / loud

încet/tare

rich / poor

bogat/sărac

right / wrong

corect/fals

rough / smooth

aspru/neted

sad / happy

trist/fericit

short / long

lung/scurt

slow / fast

încet/repede

wet / dry

ud/uscat

warm / cool

cald/rece

war / peace

război/pace

0

zero

zero

1

one

unu

2

two

doi

3

three

trei

4

four

patru

5

five

cinci

6

six

șase

7

seven

șapte

8

eight

opt

9

nine

nouă

10

ten

zece

11

eleven

unsprezece

12

twelve

douăsprezece

13

thirteen

treisprezece

14

fourteen

paisprezece

15

fifteen

cincisprezece

16

sixteen

șaisprezece

17

seventeen

șaptesprezece

18

eighteen

optsprezece

19

nineteen

nouăsprezece

20

twenty

douăzeci

100

hundred

o sută

1.000

thousand

o mie

1.000.000

million

un milion

English
....
engleză

American English
....
engleză americană

Chinese Mandarin
....
chineza mandarină

Hindi
....
hindi

Spanish
....
spaniolă

French
....
franceză

Arabic
....
arabă

Russian
....
rusă

Portuguese
....
protugheză

Bengali
....
bengaleză

German
....
germană

Japanese
....
japoneză

I
eu

you
tu

he / she / it
el/ea

we
noi

you
voi

they
ea

who?
cine?

what?
ce?

how?
cum?

where?
unde?

when?
când?

name
nume

behind

în spate

in

în

in front of

înainte

over

peste

on

pe

under

sub

beside

lângă

between

între

place

loc